STARMAP
CANCER

蟹座の君へ

What can I do for my precious?

鏡リュウジ

Ryuji Kagami

sanctuary books

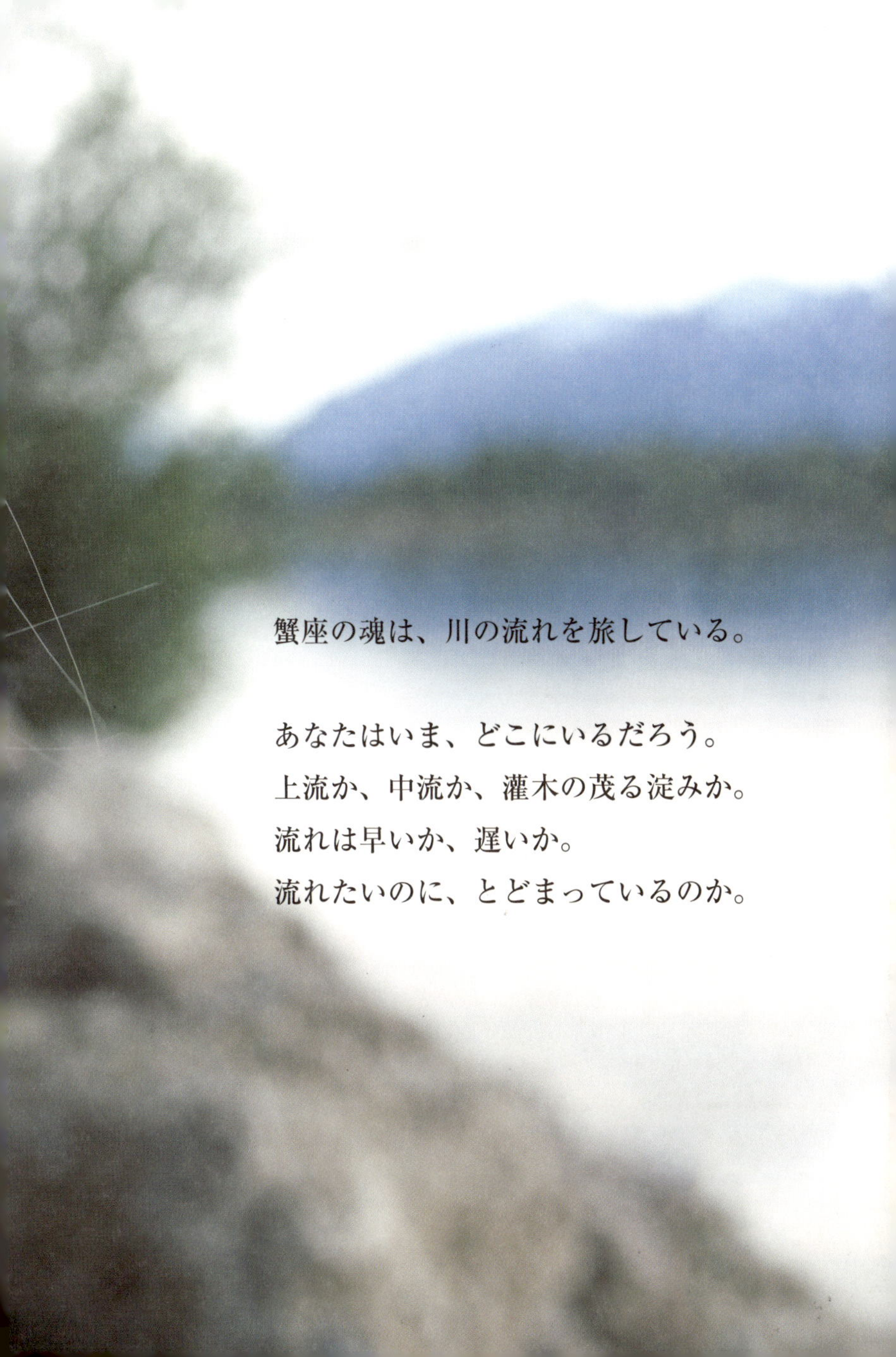

蟹座の魂は、川の流れを旅している。

あなたはいま、どこにいるだろう。
上流か、中流か、灌木の茂る淀みか。
流れは早いか、遅いか。
流れたいのに、とどまっているのか。

焦らなくても、大丈夫。
蟹座の川の水は、決して干上がらないし、
大きな流れが途絶えることもない。

淀みを感じたら、
上流のさらに上の源流を感じて。

夢が生まれた瞬間の熱。
友人と未来を語った時間。
母に抱かれて感じた愛。

どこにいても、
そこで、どんなことが起こっても、
それは、偶然じゃない。
すべてには、流れがあることを
あなたは、無意識に知っている。

自分ひとりでは
生きてゆけないこと。
川には水があり、流れがあり、
多くの生き物の住みかとなる。
川がつなぐ、命の絆。

家族、恋人、友人。過去、現在、未来。
人との絆、過去といまを結ぶ絆。
絆を感じることで、
あなたは誰よりもやさしく、
強くなれる。
あなたが築いてきた絆が、
あなたをあたたかくし、
まわりの人をも、しあわせにする。

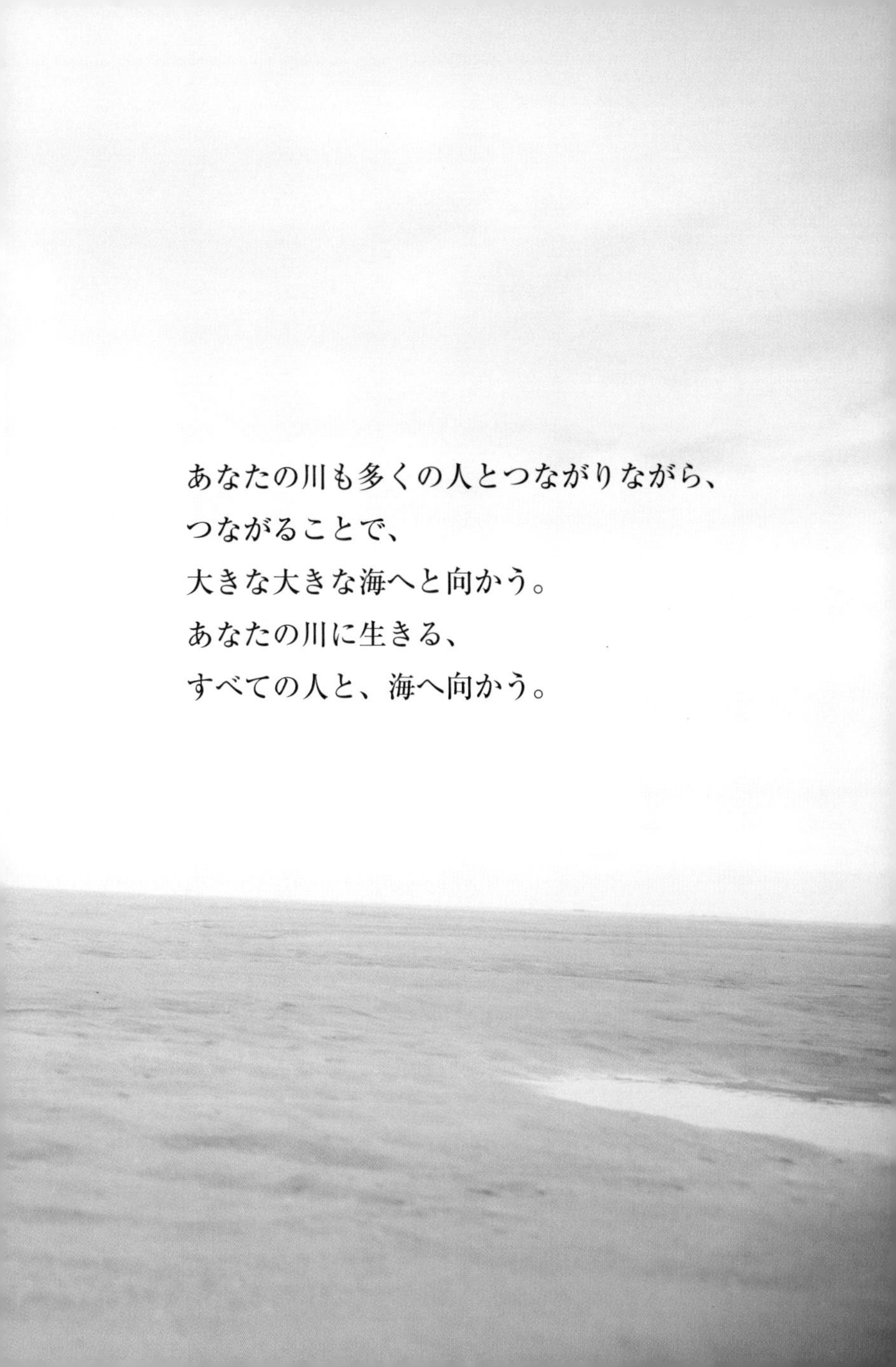

あなたの川も多くの人とつながりながら、
つながることで、
大きな大きな海へと向かう。
あなたの川に生きる、
すべての人と、海へ向かう。

大海の青、空の青。
ほら、紺碧のまぶしい未来が、
蟹座を待っている。

蟹座のあなたは、誰よりも深く、固く、
人とつながることができる。
大事な何かとのつながりを意識できたとき、
その絆のために、
どこまでもやさしく、どこまでも強く、
前向きになれる。
絆はあなたを縛るものじゃない、
あなたの可能性をどこまでも広げてくれる。
蟹座がつながるもの。守りたいもの、大切なもの。
仲間、家族、故郷、幼いころの思い出、
生まれるよりもっと前の物語……そして未来。
絆が、あなたを未来へと連れて行ってくれる。
蟹座のあなたが、大切なものに出会い
深くつながるための31のメッセージを贈ります。

蟹座のあなたが、

もっと自由に
もっと自分らしく生きるために。

STARMAP CANCER

CONTENTS

やりたいことは何か？ やる気を出すには？
（夢／目標／やる気）———— 022

自分のルーツをたどる
守るべき人をもつ
自分の守備範囲を意識する
仲間と一緒に夢を追いかける
芋づる式に「好き」を広げてゆく

あなたがもっとも輝くときは？
（仕事／役割／長所）———— 036

ひと手間かけることで差をつける
ファミリーをつくる、ファミリーを見つける
誰かのよろこぶ顔を想像してみる
空白を埋める仕事をする
あなたの小さな気づきが世界を変える

何をどう選ぶか？
（決断／選択）———— 052

まずは好き嫌いに任せてみる
決めるまえに、深呼吸しよう
下見をしよう
より自分から遠いものを選ぶ練習をする
10年後いい思い出になるような決断をする

壁にぶつかったとき、落ち込んだとき。
（試練／ピンチ） ―― 066

感情を気持ちよく吐き出せる存在をつくる
堂々と助けを求めよう
問題を切り離して考える
マイナスの感情をエネルギーに変える
思い出箱をひらく

あなたが愛すべき人、
あなたを愛してくれる人は誰か？
（人間関係／恋愛） ―― 082

たまには人の気持ちを考えず、ワガママになる
心おきなく甘え合える恋愛を
あなたが愛すべき人
あなたをほんとうに愛してくれる人
別れや変化を受け入れるために

あなたがあなたらしく
あるために大切にすべきこと。
（心がけ／ルール） ―― 096

自分のテリトリーを広げるために
アウェイをホームに変える
感情とうまく付き合う方法
ひとりぼっちを楽しむ
新しい仲間をつくろう

後悔なく生きるために。 ―― 110

大事なものを増やす旅に出よう

STARMAP
CANCER

やりたいことは何か？
やる気を出すには？

【夢／目標／やる気】

あなたの夢は何か？
やりたいことが見つからないときは？
あなたの心が大事にしたいものは何か？
蟹座のあなたが、向かうべき方向はどこだ。

STARMAP
CANCER

1

自分のルーツをたどる

蟹座の夢は、水のように心を満たしている。静かに、清らかに、しみとおるように。
でも、その水は突然、湧き出たものじゃない。遠く深い山の奥から長い年月をかけ、旅をしてきた。一滴から始まった流れが、少しずつ広くなって川になり、今、あなたのところにやってきた。そして、これからもっと大きくなって、海に向かう。
だから、あなたが夢や目標をたてるときは、先のことだけじゃなく、その流れに思いをはせたほうがいい。
自分をとりまくものたちはいったいどこからきたのか、自分が大切にしているものは、どう始まり、どうリレーされてきたのか。そして、自分自身は誰から何を託されたのか。
やりたいことが見つからないとき、やる気がでないときは、自分のルーツをたどってみよう。
故郷に戻って、小さい頃に遊んだ場所を訪ねてみる。思い出に強く残っている物を、もう一度引っ張りだしてみる。両親や祖父母に、自分が赤ん坊のときの話や祖先のことを聞いてみる。
いや、ルーツ探しは自分や家族のことに限らなくてもいい。
ずっと好きなことや趣味があれば、その発祥の地に出かけてみる。自分の住んでいる町や地方、さらには日本の歴史についてじっくり調べてみる。ふだん、目にすることのない古典や伝統工芸にふれてみる。
未来のことなんて見えなくていいから、ひたすら過去に思いをはせて、自分の原点が何なのかを考えてみよう。そうしたら、自分が何を託されているのかがわかってくる。これから先、何を運ぶべきか。どんな役割を果たすべきか、がわかってくる。
焦らなくてもいい。あなたの夢はこの流れの先にきっとある。

STARMAP
CANCER

2

守るべき人をもつ

蟹座はホロスコープのいちばん下にあって、すべての星座を支える星のもとに生まれている。自分を投げ打って、何かを支える星座。
誰かを守りたい、支えたいっていう気持ちがすごく強い。
蟹座の神話は、英雄ヘラクレスにあっけなく踏みつぶされた蟹。冴えない神話だと思っている人もいるだろう。でも、この蟹は、友だちである怪物ヒドラがヘラクレスにやられそうになっているのを見て、助けようとヘラクレスに立ち向かった、友だち思いの蟹。
蟹座のあなたも、自分ひとりでは保守的で恐がりで臆病かもしれないけど、誰かを守る誰かを支えるという目的があると、すごく強くなれるし、すごくがんばれるし、いろんなアイデアが湧き出てくる。前向きにもなれる。
だから、自分の人生のなかで、守りたいと思える人を探そう。
恋人。子どもや親のような家族。ペットや友だち、趣味の仲間でもいい。
ひとりでは踏み出せないことにも、誰かのためなら挑戦できる。
誰かのためにがんばることが、逆にあなた自身を成長させる。
自分の夢に近づく第一歩にもなる。

STARMAP
CANCER

3

自分の守備範囲を意識する

保守的で臆病だと言われがちな蟹座。
しかし、単純に自分の外の世界すべてを恐れているわけじゃない。
ある一定のところまでならすごく居心地も良く、リラックスしていろんなことに挑戦できる。
あなたには蟹の甲羅のようにハッキリとした境界線があって、そこから先に踏み出すときにすごく慎重になってしまうだけ。
ただ、その境界線がどこにあるかまでは、ほとんどの場合、ハッキリとは意識しないで生きている。
だから、なんとなく外の世界すべてが漠然としていて、不安定で正体不明。どこか落ち着かない気持ちにさせられてしまう。
でも、その境界線さえハッキリすると、どこまでが自分の守備範囲か意識すると、その守備範囲が意外とそんなに狭くないことがわかる。
しかも、あなたは守備範囲をきちんと意識できれば、そのギリギリいっぱいまでがんばることができる。その範囲内なら、責任感があるし、細かいところまで目が行き届く。いろんなことに大胆にもなれ、生き生きと生きてゆくことができる。
守備範囲を自覚することができれば、それだけでも、蟹座の可能性はぐんと広がる。

STARMAP
CANCER

4

仲間と一緒に夢を追いかける

蟹座のあなたは、誰よりも深く固い信頼関係を結ぶことができる。
交友関係が広いとか、ただ仲がいいだけではない、強い絆。
友だちでも家族でも、ただの友だちやただの家族じゃなくて、ものすごく結びつきが深くなる。
それは、あなたがその人のために何でもしようとがんばるから。
相手にもそれが伝わって、あなたの気持ちに応えようとがんばってくれるので、どんどん結びつきが強くなる。
しかも、単にお互いの悩みを分かち合うとかだけでなく、ひとつの夢を共有し、『ONEPIECE』のようにひとつの船に乗って一緒に漕ぎ出すことのできるような仲間たち。
たとえば、一緒に会社をつくる、一緒にお店をやる、一緒に冒険の旅に出かける、一緒に何かを勉強する、切磋琢磨し合いながら一緒に劇団を作ったりバンドをやったり……。
5人いたら単純に5倍じゃなく、何十倍にもふくれあがる。
すごく結びつきの強い、信頼できる仲間。
それが蟹座にとって最大の武器で、いちばんの宝物だ。
ただ仲がいいだけじゃなく、同じ夢を見て一緒に何かを目指すというときにものすごく力を発揮できる。
ひとりでは叶えられない夢も、みんなでなら叶うかもしれない。
夢の可能性は、何十倍にも広がるのだ。

STARMAP
CANCER

5

芋づる式に
「好き」を広げてゆく

何かやりたい。でも、何をやっていいかわからない。
それに、はじめてのことに挑戦するのは少し怖い気もする。
食わず嫌いせずに手当り次第やってみたらと言う人もいるだろうが、好き嫌いのはっきりした蟹座にそのやり方は向かない。
それより「好き」や「得意」を広げてゆく方がいい。
好きな人が好きなものに興味をもった経験はないか?
それと同じ感覚で、好きなものとつながっていることにチャレンジしてみよう。
お料理が好きなら、素材となる野菜について勉強してみる。さらにその野菜の産地に行ったり、農業にチャレンジするのもありだ。
あるいは、お料理を盛り付ける器に凝ってみる、テーブルコーディネートを習ってみる、お料理に合うお酒について研究してみる。
こんなふうに、芋づる式に「好き」を広げてゆこう。
好きなことに関係あるなら、初めてのことでも好きになれる。
未知の世界だと思っていたことも、好きなこととつながっているとわかれば怖くない。
そうやって「好き」を増やすことで、あなたの可能性もどんどん広がってゆく。

STARMAP
CANCER
WORDS

一輪でも花は美しい。
しかし、花束は
もっと美しいでしょう？

ダライ・ラマ14世　僧侶
1935/7/6生まれ

「抱くことば」より

STARMAP
CANCER
WORDS

独創性とは、
起源に近づき、
起源に
戻ることである。

アントニ・ガウディ　建築家
1852/6/25 生まれ

「建築家ガウディ全語録」（鳥居徳敏編・訳）より

STARMAP
CANCER

あなたがもっとも輝くときは?

【仕事／役割／長所】

あなたに備えられた才能はなんだろうか？
あなたがもっとも力を発揮できるのはどんな場所？
あなたが世界に対して果たす役割は何か？
蟹座のあなたが、もっとも輝くために。

STARMAP
CANCER

6

ひと手間かけることで差をつける

相手の気持ちに敏感で、まるで自分のことのように捉えることができる蟹座。
上司が今求めていること。お客さんが欲しい情報やアドバイス。
そういったことが手に取るように分かる。
だから、相手をよく観察してみて。
あなたなら、言われたことだけじゃなくさらに一歩先のことまでできるはず。
そうすれば自然と評価も上がり、感謝されるだろう。
また、お世話になった人にはお礼状を書く。誕生日を覚えていてお祝いするなど、まめに接することで、仕事が終わってからも続くような深い信頼関係が築ける。
仕事の場は何かと殺伐としがちだけど、あなたのちょっとした気配りやさりげないサポートが上司や同僚を和ませたり、元気づけたりする。
お客さまにもマニュアル通りではなく、その人のことを考えたあなたなりのあたたかな対応が喜ばれるはず。
一見、かんたんそうで誰がやっても同じに思える仕事ほど、丁寧に。
小さなことのように思うかもしれないが、このひと手間があなたを大きな成功へと導いてくれる。

STARMAP
CANCER

7

ファミリーをつくる、
ファミリーを見つける

何かとつながっていたい。誰かと通じ合っていたい。
そんな思いが強い蟹座のあなた。
だからこそ、one for all, all for oneのチームをつくることが大切だ。
あなたは、ファミリーのような場所でこそ力を発揮する。
固い絆で結ばれた仲間を得たとき、one for allの精神でがんばれるようになるのだ。
会社や学校を選ぶときも、ファミリー的な雰囲気をもったところを選ぼう。
あるいは、何かチームがあったら、あなたの気配りでファミリー的な結びつきを強くする。
プロジェクトのメンバーみんなで飲みに行ったり、誕生日を祝う。
クラス替えで決まったメンバーと旅行に行ったり、趣味の仲間とイベントに向けて協力する。
そうやって、ファミリー的な結びつきを深めてゆくのだ。
なかには、そういうつながりに甘えて怠けてしまう人もいるだろう。
でも、あなたはちがう。
甘えている人や怠けている人に文句を言うどころか、彼らの分までがんばれる。
あなたのがんばりを見て、みんなもよりがんばるだろう。
そんなファミリーのようなチームでこそ、あなたは光り輝くことができるはず。

STARMAP
CANCER

8

誰かのよろこぶ顔を想像してみる

どう動けばいいかわからない。向いていない気がする。
あなたがそう感じるときは、恐らく自分のことだけに頭がいっているとき。
蟹座の根底に流れているのは、誰かの役に立ちたいという気持ち。
だから、やる気が起きないときは具体的に誰かのことを思い浮かべ、その人を喜ばせるために考えてみよう。
その「誰か」はどんな相手でも構わない。
子どもや親、恋人。会社に勤めているなら信頼できる上司や仲間でもいい。
身近な人だけじゃなく、たとえば誰かわからないようなお客さまやターゲット顧客でも、具体的なプロフィールを想定して、こんな人に喜んでもらうにはどうすればいいかを考える。
もっと言えば、貧困にあえぐアフリカの子どもたちや、孤独に打ちひしがれている老人、災害にあった人。そんな人たちを想像して、彼らを喜ばせるために何ができるのか考えてみるのだ。
そうすれば、自分のやりたいことやアイデアもどんどん出てくるし、やりがいも感じられるだろう。

STARMAP
CANCER

9

空白を埋める仕事をする

仕事には誰も担当のいない仕事がある。そういう仕事を率先してやろう。仕事の流れのなかには、どこかうまくつながってないところが、必ずある。
みんなが集めた情報をまとめる、企画書の誤字脱字をチェック、共有デスクの片づけ、会社やお店の SNS のメンテナンス……。
そんな空白を積極的に探そう。
あなたは、自分の守備範囲内ならすみずみまで見渡し、小さなスキマでも必ず見つけ出すことができる。
評価してもらえないと感じるかもしれないが、誰も気づいてない仕事を買って出ていれば、最後はきっと評価される。
月は、たとえ昼間でも見えなくても常に空にある。そんな月を守護星に持つあなたは、同じように見えにくいけど大事な仕事を担っている。
仕事には、ヒット商品を企画したり大きな契約をとるような成果がわかりやすく目に見えるものと、見えないものがある。でも見えにくいからといって、みんなが気づいていないわけじゃない。
お母さんの仕事が家庭で表立って感謝されなくても、子どもたちは心の底では感謝してるように、本当はみんなわかっている。
誰にでもできる、自分の代わりなんていくらでもいると思うかもしれないが、もちまえの丁寧さを発揮すれば、あなたにしかできない仕事に変わるはず。最初は担当のいなかったスキマの仕事が、ひとつの独立した部署になったり、いつのまにか会社のメイン業務になることだってありえる。
もしも今の職場や組織で居場所を見つけられないなら、まずは空白を見つけて埋めてみよう。
その空白は、必ずあなたの居場所になる。

STARMAP
CANCER

10

あなたの小さな気づきが
世界を変える

多くの人は自分と同世代や作り手側、売り手側の発想からなかなか抜け出せない。
でも、いろんな人の立場に立って自分のことのように考えられる蟹座は、たとえ独身でも主婦や子ども、お年寄りのニーズに対応できる。
それも、マーケティングや数字には決して表れない、些細な心の動きやニーズを汲み取ることができるのだ。
「こういうサービスがあったらみんな喜ぶだろうな」「これが付いていたらもっと便利なのに」
小さな気づきの多いあなただから、それを使えばビジネスでも力を発揮する。
たとえ小さくても、小さいからこそ、そのアイデアは普通のビジネス感覚では出てこないもの。
ビジネスの常識において、盲点になっていた部分だったりする。
あなたは、その気づきひとつで社会や世界の仕組みを変えてしまう可能性を秘めているのだ。
そして、その気づきはあなた自身の世界も広げてくれる。
だから、あなたらしい細やかな感性や思いやりを大事にして。
もしかしたら、それが役に立つのはずっと先のことかもしれない。
それでも、小さなことと思わず、気づいたことは大事に覚えておこう。
いつかきっと、その気づきがあなたの世界を広げる手助けになる。

STARMAP
CANCER
WORDS

私はいつも「できない」
って思うの。
「この映画はわたしには
できない」って。
でも、結局できるのよね。

メリル・ストリープ　女優
1949/6/22 生まれ

「夢をかなえる世界の名言」より

STARMAP
CANCER
WORDS

もう一度、
バラの花を見に
いってごらんよ。
あんたの花が、
世の中に一つしか
ないことが
わかるんだから。

アントワーヌ・ド・サン＝テグジュペリ　作家
1900/6/29 生まれ

「星の王子さま」（内藤濯訳）より

サンクチュアリ出版＝本を読まない人のための出版社

はじめまして。サンクチュアリ出版・広報部の岩田梨恵子と申します。この度は数ある本の中から、私たちの本をお手に取ってくださり、ありがとうございます。…って言われても「本を読まない人のための出版社って何ソレ??」と思った方もいらっしゃいますよね。なので、今から少しだけ自己紹介させてください。

ふつう、本を買う時に、出版社の名前を見て決めることってありませんよね。でも、私たちは、「サンクチュアリ出版の本だから買いたい」と思ってもらえるような本を作りたいと思っています。そのために"1冊1冊丁寧に作って、丁寧に届ける"をモットーに1冊の本を半年から1年ほどかけて作り、少しでもみなさまの目に触れるように工夫を重ねています。

そうして出来上がった本には、著者さんだけではなく、編集者や営業マン、デザイナーさん、カメラマンさん、イラストレーターさん、書店さんなどいろんな人たちの思いが込められています。そしてその思いが、時に「人生を変えてしまうほどのすごい衝撃」を読む人に与えることがあります。

だから、ふだんはあまり本を読まない人にも、読む楽しさを忘れちゃった人たちにも、もう1度「やっぱり本っていいよね」って思い出してもらいたい。誰かにとっての「宝物」になるような本を、これからも作り続けていきたいなって思っています。

STARMAP
CANCER

何をどう選ぶか?

【決断/選択】

人生は選択の連続だ。
今のあなたは、
過去のあなたの選択の結果であり、
今のあなたの選択が、未来のあなたを作る。
蟹座のあなたは、何を選ぶのか。
どう決断するのか。

STARMAP
CANCER

11

まずは好き嫌いに
任せてみる

好き嫌いが激しいとか、食わず嫌いなんて言われることはない？
感情豊かで境界線がハッキリしているあなたは、自分のテリトリー内と外に対する感情の落差が激しい。
たしかに、それが偏っていたり判断を狂わせることもある。
でも、こんな感情は理屈を超えたもの。
客観的になれ。嫌いなものも試してみろ。
そんなこと言われたって、なかなかできるものじゃない。
だからこそ、まずは好きを後押ししてみよう。
嫌いなことはやらなくていい。
自分の境界線を超えるくらい徹底して好きをやってみる。
同じものを食べ続ける。映画ばかり見る。洋楽だけを聴き続ける。
毎日1万歩歩く。日記やブログを毎日書く。
とにかく好きなことだけをやり続けてみるのだ。
やり続けても、それでもまだそれしかしてたくないなら、それだけ好きなのだから貫けばいい。
限界までやり続ければ、あるとき自然と他に目を向けられるようになる。
あなたの境界線は確かにハッキリしているが、それは決して変わらないものではない。
時期が来れば必ず超えられるもの。
そのラインを超えられるまで、飽きるまで、とことんやってみればいい。
次のものに向かうのは、それからでいい。

STARMAP
CANCER

12

決めるまえに、
深呼吸しよう

人が何かを選択するとき。決断するとき。
それが大きな選択であればあるほど、誰もが緊張し、感情が高ぶるもの。
感情が細やかな蟹座ならなおさら。
その一瞬の感情に左右されることが多いので、まずは気持ちを落ち着かせることが大事。
興奮したり焦って選ぶとろくなことにならない。
何かを決めるときは、１度深呼吸して気持ちを落ち着けよう。
深呼吸以外にも、何か自分なりに気持ちを落ち着かせるためのスイッチを決めておくといい。
たとえば、胸に手を当ててみるとか、しばらく目を閉じてみる。
好きな曲のワンフレーズを心の中で口ずさんでみてもいい。
もしもその場で落ち着けないなら、一旦家に持ち帰って。
一晩寝かせても気持ちが変わらないなら、迷わずそれを選べばいい。
たとえ頭では決まっていても心がついていかないなら、納得するまで待ってみよう。
明日決められることは、無理に今日決めなくていいのだ。
だから、何かを決めるときは焦ることなく、まず気持ちを落ち着けてからにしよう。

STARMAP
CANCER

13

下見をしよう

未知のものへの恐怖心が人一倍強い蟹座。
自分がホームだと感じられる場所でならのびのびと行動できるが、臆病さが顔を出すとその判断を邪魔してしまうことも。
だから、それを選択したあとの自分が想像できるような状態にまで、もってゆくようにしよう。
たとえば、進学先で迷ったらその学校に行き、学生のフリをして1日過ごしてみる。
告白されて付き合うか迷ったら、その人についてリサーチしてみる。
趣味を増やしたいなら、まずは体験レッスンに行く。
その選択をした自分を想像して、シミュレート、予行演習してみよう。
あなたにとっては客観的な条件や数字より、自分の体感が大事。
実際に感じることで恐怖心が和らぎ、冷静な判断ができる。
下見のときに気をつけたいのは、自分の好きなことや近いもののデメリット、逆に嫌いなことや遠いものからは、メリットを探すこと。
どうしても好きなもののメリット、嫌いなもののデメリットに目がいきがちなので、そうならないように意識して。
そうすれば、どの選択肢も、あなたにとってただ怖いものではなくなるはず。

STARMAP
CANCER

14

より自分から遠いものを選ぶ練習をする

蟹のかたい甲羅のように、内と外を隔てる境界線がはっきりしているといわれる蟹座。
そのことから、保守的だとか臆病だと言われることが多い。
しかし、心の奥底では蟹が脱皮するように、その境界線を突破するタイミングを待っている。
そのときが来れば、自然とその境界線を超えてゆけるのだ。
でも、もしあなたが今自ら脱皮したいと思っているなら、選ぶものを変えてみよう。
今までの自分が選ばなかったもの。自分からより遠い選択をしてみる。
なにも、人生の分岐点のような大きな選択でなく、毎日の小さな選択でいい。
いつもとはちがうものを食べてみる。
着たことのない色の服を着る。
読んだこと、見たことのないジャンルの本や映画に手をだしてみる。
人から見れば小さなちがいでしかないかもしれないが、あなたにとってそれは大きな変化。
どんな小さなことでも、いつもとちがうもの、新しいものを選んでみた。チャレンジしてみたけど、心配していたほど怖くなかった。
その成功体験が増えてゆけば、いつか大きな選択をするときにも自分とは遠い選択肢だって選べるようになる。
小さなことでも、「ちがうものを選んだ」その経験が、いつかあなたの背中を押してくれる。

STARMAP
CANCER

15

10年後
いい思い出になるような
決断をする

それを思い出せばがんばれるような記憶や、癒されるような思い出が、あなたにはあるはず。
何かとつながることを求めている蟹座の魂は、心の原風景を求めてさまよっている。
思い出の積み重ねこそが、あなたにとってのルーツや世界とつながっている感覚を与えてくれるものなのだ。
今この一瞬一瞬も、十年後にはあなたの心の原風景になっているはず。
だから、あなたは十年後にふりかえってもいい思い出だと思えるような生き方をするべきだ。
十年後にふりかえっていい思い出だと思えるような選択をしなくてはいけない。
たとえその結果が成功でも失敗でも、やる選択でもやらない選択でも、その選択が十年後にいい思い出になると思えるかどうか。
それをひとつの基準にしてみてはどうだろう。
結果が成功でも、失敗でも、いい思い出になると思えるならやってみる。すごく苦い思い出になるようことなら、やらないほうがいい。
いま利益になることでも、十年後の自分が思い出して恥ずかしような、ずるいことならしないほうがいい。
十年後の自分に恥ずかしくない生き方、決断をしよう。

STARMAP
CANCER
WORDS

乗るべき列車は
一度しか通らない。

リオネル・メッシ　サッカー選手
1987/6/24 生まれ

バルセロナに行くときに家族に言った言葉

STARMAP
CANCER
WORDS

運命には
すべて予行演習がある。
伏線が
はられている。

鈴木いづみ　作家・女優
1949/7/10 生まれ

「鈴木いづみコレクション」より

STARMAP
CANCER

壁にぶつかったとき、
落ち込んだとき。

【試練／ピンチ】

あなたの力が本当に試されるのはいつか？
失敗したとき、壁にぶつかったとき、
落ち込んだとき……。
でも、大丈夫。
あなたは、あなたのやり方で、
ピンチを脱出できる。

STARMAP
CANCER

16

感情を気持ちよく
吐き出せる存在をつくる

感情を表す月を守護星に持つ蟹座。
月が刻々と姿を変えるように、あなたの感情も大きく揺れ動く。
なかには、もっと冷静になれという人もいるだろう。
あなた自身も、もっと冷静に、感情を抑えたいと思っているかも。
でも、それは逆効果。抑えようと無理をすればするほど、その感情は激しくなる。
だから、ありのままの感情を気持ちよく吐き出していくことが大事。
あなたの哀しみや怒り、心の痛み……それは誰かを思って生まれたもの。
まずは、がんばった自分を認めてあげよう。
そして、感情を気持ちよく吐き出そう。
あなたには、感情を吐露したり、グチを聴いてくれる人がいるだろうから、そういう人に、聴いてもらうのもいいが、ずっと受け止めてくれる人もなかなかいない。反応によっては、余計に感情が増幅されてしまうことも。
ただただ黙って聴いてくれるという存在が必要。
猫や小鳥といったペット、植物やぬいぐるみでもいい。
ただ静かにあなたの思いを受け止めてくれる存在に、すべてを吐き出そう。
それに、ペットや植物のような、守ってあげる存在が生活のなかにあることは、あなたにとって大きな意味がある。彼らを守ってあげるということが、あなたを強くしてくれてたり、いやなことを忘れさせてくれたりする。

STARMAP
CANCER

17

堂々と助けを求めよう

もしも今、もう１ミリも動けない。そう思えるほど心がくたくたになって、つらい思いをしているなら、迷わず助けを求めよう。
自分の責任だと感じる領域に対しては人一倍強い責任感を発揮し、細やかに気を配ることのできるあなた。
みんなから頼りにされると笑顔で引き受けてしまうし、それを完璧にこなすので、周りの人もついあなたに甘えてしまう。頼られることはあなたにとっての喜びだから、その期待に応えようとがんばりすぎてしまうのだ。
でも、知らず知らずのうちに心の負担も大きくなっている。
だから、つらくなったら１人で抱え込まず、堂々と助けを求めて。
苦手なことなら人に手伝ってもらえばいいし、誰かに相談してアドバイスをもらってもいい。
ただ黙ってそばにいて、抱きしめてもらうだけでも救われるはず。
いつも人のためにがんばっているあなただから、あなたが助けを求めれば必ず力になってくれる人がいる。
もうひとりでがんばらなくてもいい。
まわりを見渡せば、すぐそばに、やさしいあなたの力になってくれる人がきっといる。

STARMAP
CANCER

18

問題を切り離して考える

どうにもならないピンチにおちいったとき、理不尽なトラブルが起きたとき。
なぜこんなことに？　と人は無意識に原因を探してしまうもの。
この人が関わったから。前にも何度かこういうことがあった。
そんなふうに、人と問題、過去と現在、その因果関係を探ってしまう。
でも、そうすると大したことないことも大きな問題に思えてくる。
かんたんに解決できる問題でも、がんじがらめになって逃げ場所がないように思えてしまうのだ。
だから、目の前のトラブルだけに焦点を絞ろう。そうすると、答えが見つかるはず。
たとえば、雨や嵐を思い浮かべてみて。
空はあなたに悪意があって雨を降らせるわけじゃない。嵐だってそう。
ただその日たまたま雨が降った。嵐が吹き荒れただけ。
空に怒ったり、空の意図を探ろうとしても無駄なこと。
傘を買うか雨宿りして待つか。濡れるのを気にせず目的地に走るのか。
あなたが考えるのはそれだけでいい。
いまあなたの目の前にあるトラブルや問題も同じ。
乗り越えてみれば、それだけのこと。他のことなど関係ないことがわかるはず。
その人との関係や、過去の出来事など原因を結びつけてしまいそうになったら。
一度、なぜ？という問いを封印して、その問題だけを考えるようにしよう。

STARMAP
CANCER

19

マイナスの感情を
エネルギーに変える

怒りや悲しみ、嫉妬……。人はさまざまな感情を抱くもの。
ただ、あなたが抱く感情はあまりにも激しすぎるので、ときには自分自身もそれに振り回され、疲れてしまうことがあるかもしれない。
それがマイナスの感情なら、なおさらだろう。
感情を司る水の星。その星のもとに生まれたあなただが、なかでも蟹座の感情が持つ力はとくに強い。
でも、あなたの抱く強い感情をただのやっかいなものだと思わないで。
その激しい感情は、あなたのエネルギーでもある。
仕事でミスして叱られたなら、今度は上司に褒められるくらい完璧に仕事をこなす。
片思いの相手や恋人にフラれたなら、その人が後悔するくらい魅力的な人になる。
試合で負けて悔しい思いをしたら、次はもっと強くなる。
激しい怒りを感じたなら、その相手を見返す。
悲しいことがあったら、その分ぜったい幸せになる。
嫉妬に苦しんでいるなら、自分を高める。
怒りや悲しみ、嫉妬。そういったマイナスの感情をためこむのではなく、次へ踏み出すためのエネルギーに変えよう。

STARMAP
CANCER

20

思い出箱を開く

子どもの頃に好きだったもの。よく行った思い出の場所。
そういった思い出や心の原点をとても大切にする蟹座。
過去の思い出に浸り、昔はよかったと嘆く人もいるが、蟹座はちがう。
原点に立ち返ることでやる気が出たり、幸福な思い出に触れてただただあたたかな気持ちに包まれる。
だから、辛いときや泣きたいときにはそんな思い出の箱を開いてみて。
触れるだけで幸福な時間にタイムスリップできるような、記憶の引き出しになるようなもの。
たとえば、子どもの頃に好きだった絵本やぬいぐるみ。
特別な日にはいつも食卓に並んでいたごちそう。
何度も繰り返し聴いた曲や友だちといつも遊んだ秘密の場所。
大切な人からもらった手紙や昔つけていた日記帳。
記憶をたどれば、すぐに思い当たるものがあるはず。
そういったものをそばに置いて。
落ち込んだときやひとりぼっちで孤独な夜にそっと取り出し、記憶の扉を開こう。
愛してくれる人がいることを思い出し、心があたたまる。
ひたむきだった自分を思い出し、心が洗われる。
そして、明日には、前を向いて歩き出せる。

STARMAP
CANCER
WORDS

眠れない夜は、
少年時代に釣りした川を
思い浮かべ、
心の中で
旅をたどったりした。

ヘミングウェイ　作家
1899/7/21 生まれ

「Now I lay me」より

STARMAP
CANCER
WORDS

いつ
死んでもいい。
でも今日
でなくてもいい。

佐野洋子　作家
1938/6/28 生まれ

「神も仏もありませぬ」より

STARMAP
CANCER

あなたが愛すべき人、あなたを愛してくれる人は誰か?

【人間関係／恋愛】

あなたが愛すべき人はどんな人か？
あなたのことをわかってくれるのは誰？
あなたがあなたらしくいられる人、
あなたを成長させてくれる人。
彼らとより心地いい関係を結ぶには？

STARMAP
CANCER

21

たまには
人の気持ちを考えず、
ワガママになる

いつも相手の気持ちを大事にする蟹座のあなた。言いたいことやりたいこともついガマンしていないだろうか？
なのに、みんなはあなたのやさしさに甘えて、それが当たり前のように思っている。
感謝されたくてやっているわけじゃないけど、あまりにもないがしろにされては傷つくのもしかたない。
そんなときは人の気持ちを考えることをやめ、とことんワガママになろう。
相手がどう思っているか、相手のためになるかどうかは、あえて一切考えない。自分がしたいかどうかだけで考える。
いつも空気を読んで引き受けてしまうみんなが嫌がる仕事も、自分がしたくなければ､やらない。したければ､やる。同じ｢やる｣でも自分の意思でやった方が前向きに取り組めるし、結果的に感謝もされやすい。
こんなこと言ったら相手はどう思うか……そんなことは考えず、自分の思ったことを言ってみよう。
もしもそれで誰かを傷つけるのが心配なら、「わたしはこう思う」「わたしはこうしたい」という話し方をしてみて。
「わたしは……」と言うことで、あくまで私の意見にすぎない、誰かを否定したり、強要するつもりはないということが示せる。
それに、あなた自身も自分の意志や気持ちに、より意識的になることができる。
自分の気持ちを大切にして、たまにはもっとワガママになっていい。

STARMAP
CANCER

22

心おきなく
甘え合える恋愛を

蟹座には、ここがホームだと安心できる場。心から安らげる人間関係が必要だ。
細やかなあなたは傷つきやすそうに思えるかもしれないが、実はホームさえしっかりしていればどこまでも強くなれる。
だから、恋愛はあなたのホームになるような、心から甘え合える関係を目指そう。
人は共依存だというかもしれないが、本来家族とはそういうもの。
甘えというと良くないことのように聞こえるかもしれないが、そんなことはない。
相手に甘えられる。自分も甘えることができる。
それは、心理的にとても健やかなこと。
蟹の固い甲羅のなかのように、誰にも邪魔されない２人きりの世界を作ろう。
そのなかで、思い切り甘え合おう。
外の世界にさらされたら、滑稽なことかもしれない。まちがっていることもあるかもしれない。
でも、世界中を敵に回してもこの人を守りたい。
この人だけは絶対に味方でいてくれる。
そんな関係があれば、外の世界がどんなに厳しくてもつらくてもがんばれる。
たとえ外の世界で傷ついても、そこに帰ってくれば癒されて、そしてまた外へと出てゆける。

STARMAP
CANCER

23

あなたが愛すべき人

とてもやさしく繊細な蟹座のあなた。
周囲の心にも敏感に反応し、感情が揺れ動く。
だから、そんなあなたのデリケートな部分や細やかな感情を小さなことと切り捨てず、大切にしてくれる人。
あなたの心の大事なところを尊重して傷つけたりしない人。
そういう人になら、何でも相談できるし一緒にいて安心できる。
また、あなたの繊細さを理解しつつも何が起きても動じない人なら、ピンチのときでもあなたを落ち着かせてくれるはず。
でも、心のどこかであなたとは正反対の無謀なくらい楽観的な人に惹かれることはないだろうか。
第一印象では大雑把だったり、無神経だと思うかもしれない。
それに、あなたばかりが気を回しすぎてしんどく感じることも。
だけど、決して悪気があるわけではなく、おおらかで素直なだけだとわかれば、あなたも気楽に付き合えるようになるはず。
無理してがんばらなくていい人間関係。
自分の気持ちを素直に表現すること。
こんなことを、その人はあなたに知らせてくれるだろう。

STARMAP
CANCER

24

あなたをほんとうに愛してくれる人

誰かの役に立つこと。誰かに必要とされること。
それが何よりの喜びだと感じる蟹座のあなた。
相手が大事な人なら、なおさら全力で尽くすことができる。
だから、相手もあなたのその深い愛情に応えてくれ、より強く深い愛情関係を結ぶことができるはず。
ただ、あなたは心のどこかで相手のために自分がガマンするのは当たり前。
何か相手の役に立たなければ、自分の存在価値なんてないんじゃないか……という不安を抱えているのかもしれない。
でも、あなたを本当に愛してくれる人はそんなこと気にしない。
たとえあなたが何もしなくても、あなたのことを愛してくれる。
ただそこにいてくれるだけ。それだけでいいと思っている。
自分の役割とか相手の気持ち。そんなことは何も考えないで、ただただ、そばにいるだけでいい。
あなたを本当に愛してくれる人といれば、あなたも自然とそう思える。
きっとその人が、あなたにとって心から安心できる居場所となってくれるだろう。

STARMAP
CANCER

25

別れや変化を受け入れるために

人生に別れはつきもの。また、別れ以外でも人の関係性は時間とともに変化してゆく。
蟹座の人間関係はまるで運命共同体のように深く固いので、別れのつらさも大きい。
ときには、そこから抜け出せなくなってしまうことも。
それだけ大切に思えるのは素敵なことだから、無理せず思い切り悲しめばいい。
でも、あるときその痛みが思い出に変わる。
もしその痛みを引きずってしまうなら、それはあなたのなかに後悔があるから。
だけど思い出して。あなたは、常に大事な人のために全力を尽くしてきた。
もっとこうしておけばと悔やむことはない。
後悔が少なければ、どれだけつらくてもそのつらさはいつか、出会えたことへの感謝、過ごした時間への感謝に変わる。
別れても、出会って得たことや思い出が失われるわけじゃない。
それは関係性が変わっても同じ。
さみしいと思うかもしれないが、その変化を受け入れることであなたも1歩踏み出せる。
たとえ距離が離れても関係が変わっても、大事なことはあなたのなかに、そして相手のなかにも、ずっと残っているのだから。

STARMAP
CANCER
WORDS

愛につける薬は、
より愛すること
以外にない。

ヘンリー・ソロー　自然活動家
1817/7/12 生まれ

「ソロー語録」（岩政伸治訳）より

STARMAP
CANCER
WORDS

あなたの話、
あなたの言葉、
あなたの考えで
なければ
いけません。

小泉八雲　作家
1850/6/27 生まれ

「思い出の記」（小泉節子）より

STARMAP
CANCER

あなたが
あなたらしくあるために
大切にすべきこと。

【心がけ／ルール】

自分らしさって何だろう？
誰もが、もって生まれたものがある。
でも、大人になるうちに、
本来の自分を失ってはいないか。
本来もっているはずの自分を発揮するために、
大切にするべきことは？

STARMAP
CANCER

26

自分のテリトリーを広げるために

臆病に見えるけど、自分の境界線ギリギリまでは、細やかにも大胆にも自由に動けるあなた。
そんなあなたがより成長するためには、その境界線を少しずつ広げてゆけばいい。
蟹が脱皮するように、今まで超えられないと思っていた境界線を軽々と飛び越えられるときが来る。
ひとつは、進学や転勤のように向こうからやってくるもの。
あなたがじっとしていても、それがきっかけで一気に境界線を越えられる。
大切なのはその瞬間を逃さず、一歩踏み出すこと。
そしてもう１つは、自分が成長したい、その境界線を越えたいと思ったとき。
境界線を超えるきっかけになるようなことを、自らやればいい。
たとえば、恋愛、旅、引っ越し、新しい趣味や習い事……。何か新しいものに、自ら飛び込んでみる。
でも、ただやるだけでは意味がない。
転職を機に、苦手だと思っていた仕事に手を出してみる。
海外旅行を充実させるために英会話を習ってみる。
引っ越し先で、知らないお店にひとりで入ってみる。今までの自分はそんなに積極的に話しかけるようなコじゃなかったけど、誰かひとりでもいいから自分から話しかけてみる。
今までやらなかったことをひとつプラスしてみるのだ。
そうすれば、あなたのテリトリーは一気に広がる。
焦らなくても、脱皮のタイミングは必ず来る。自分で節目をつくることもできる。
大切なのは、そのときに何をするか、だ。

STARMAP
CANCER

27

アウェイをホームに変える

多くの人は、どこかアウェイ感があるとき、緊張してしまう。
とくに、蟹座のあなたはホームとアウェイの差が激しい。
アウェイな場所に行くと、緊張して力が発揮できない。すごく疎外感を抱き、歓迎されていないと感じて、ガチガチに固まってしまう。
もし、自分が求められている場所だとわかれば、すごくリラックスしてしゃべることができるし、あなたのやさしさや人なつっこさが全面に出るのに。人ともつながれるし、より受け入れられるのに。
実際は、その場所も、あなたが思っているほど、アウェイなんかじゃない。
あなたが歓迎されていないわけでも、特別仲間はずれにされているわけでもない。
ようは、気の持ちよう。
だから、どうやって自分のなかや自分のまわりにホームを作り出すか。
相手から愛されていると思い込むかが何よりも大切。
勘違いでもいい、ここで自分は愛されていると自分に言い聞かせてみよう。相手は自分のことを好きだと思い込んでみよう。
そう自己暗示をかけてコントロールできれば、あなたはどこに行ったってリラックスできる。

STARMAP
CANCER

28

感情とうまく付き合う方法

誰かの役に立ちたいという気持ちが強く、実際いつも人のために行動できる蟹座。
でも、ときにはその裏返しで支配欲や嫉妬心が顔を出すことも。
ふだんは縁の下の力持ちであればあるほど、ストレスも溜まりやすく、一気に爆発してしまったり。そのせいで失敗して、せっかくの高評価も台無しになんて経験もあるのでは。
でも、それではもったいない。
そんなときのために、感情をコントロールする方法を身につけよう。
コントロールといっても、無理に抑え込むという意味ではない。
感情を抑え込もうとしたり、ガマンしたり、無理しないで。無理すればするほど、かえってその感情が増幅して逆効果。
押さえ込むのではなく、感情をべつの方向へ向ける。
たとえば、激しい怒りを感じたら、バッティングセンターやゴルフの打ちっぱなしで怒りをぶつける、ひとりカラオケで熱唱する、ネギを刻んだりパンをこねたりお料理する、編み物や刺繍、ジグソーパズル……一心不乱に体や手を動かすことで、イヤな感情を発散しよう。
あるいは、ネガティブな気持ちのときにあえてポジティブな言葉を発してみる。「疲れた」の代わりに「がんばった」、「忙しい」の代わりに「わたし頼りにされてるなー」、「ムカつく」の代わりに「ガマンしたわたし、大人でえらい！」……。自分の行動をひとつひとつ、ほめつづけるのもいい。
感情を抑えるのではなく、言葉や行動で、感情をべつの方向へ誘導しよう。
そうやってコントロールすることで、自分の感情とうまく付き合うことができるようになるはず。

STARMAP
CANCER

29

ひとりぼっちを楽しむ

蟹座は、人はひとりでは生きられないということを誰よりも知っている。
人と深く結びつくことができる星座だからこそ、ひとりになったときの寂寥感はものすごく大きい。
でも、孤独が教えてくれることだってたくさんある。
むしろ、ひとりぼっちの時間はあなたにとって大きなチャンス。
いつも誰かと旅をしている人は、ひとり旅の楽しさを知らない。
それは、まだ人生の半分しか知らないということ。
ひとりじゃないと得られないこともある。
いつも相手の気持ちを大切にしているあなたは、ひとりになって誰にも気を遣わず自分の気持ちを解放させることだって必要。
だから、ひとりのときはその時間を思い切り楽しもう。
あえて、ひとりの時間を作ってみてもいい。
蟹座の魂はいろんな人とつながり、最後には大きな流れになってゆく。
孤独な時間は、永遠に続くわけじゃない。
すべてがみんなとつながるためだと思えば、ひとりぼっちも楽しめるのでは?
1日のある時間、毎月のうち何日間か、誰とも連絡を取らずひとりの時間を思いっきりかみしめてみる。
何かひとりでできる趣味をもつと、よりいい。きっと、あなたの心を豊かにしてくれる。
ひとりぼっちの時間は、仲間の大切さを再確認させてくれるし、あなたをより強く、よりやさしくしてくれる。

STARMAP
CANCER

30

新しい仲間をつくろう

信頼できる仲間と深くつながりあえるのは、とてもすばらしいこと。
でも、それが固定化してしまうとマンネリ化したり、お互い変わらないことの閉塞感で行き詰まったり、逆に関係が悪くなることも。
だから、今ある仲間やファミリーともっと素敵な関係を築くためにも、常に新しいメンバーを加えてゆくことが大切だ。
そうすることでいろいろな刺激を受けられるし、個々の関係性や役割も変わってみんなが新鮮な気持ちのままでいられる。
新しい人が入ることで、人間関係がよどまないで、もとの原点や信頼関係に立ち返れる。もといたメンバーの大切さも、再確認できる。
互いの役割が変わることで、メンバーの今まで知らなかった良さが知れたり、あなた自身の新しい一面に気づけたり。みんなが成長できるし、新鮮な気持ちにもなれる。
もしも恋人同士なら、結婚して新しい３人目の家族を作るということかもしれない。
それによって、恋人から、夫と妻という役割になり、さらに父と母という役割が加わる。
ちょうど、子どもが生まれることで、新しい家族になれるように。
新しい人が入ることで、みんなが変わって、新しい世界に行ける。
新しい仲間が増えることで、あなたは新しい船に乗って、新しい世界へと漕ぎ出すことができる。

STARMAP
CANCER
WORDS

人は誰でも、他人に理解されないものを持っている。
もっとはっきり云えば、人間は決して他の人間に理解されることはないのだ。
親と子、良人と妻、どんなに親しい友達にでも、人間はつねに独りだ。

山本周五郎　作家
1903/6/22 生まれ

「樅ノ木は残った」より

STARMAP
CANCER
WORDS

ひとつの幸せのドアが閉じるとき、
もうひとつのドアが開く。
しかし、私たちは
閉じたドアばかりに目を奪われ、
開いたドアに気付かない。

ヘレン・ケラー　社会福祉活動家
1880/6/27 生まれ

「The Quotations Page」より

STARMAP
CANCER

後悔なく
生きるために。

【エピローグ】

蟹座にとって生きるとはどういうことか？
あなたの未来がより輝くために、
あなたの人生がより豊かなものになるために、
蟹座が後悔なく生きてゆくために、大切なこと。

STARMAP
CANCER

31

大事なものを増やす
旅に出よう

次の旅へ。
大事なものを増やす旅へ。
守りたいものや愛しい人に
これから、どれだけ出会えるだろう。

蟹座の可能性はそこある。

壊したくないモノ、
コト、ヒトが増えるほど
あなたの幸せは大きくなる。

壊したくないから、
やさしくなれるし、
強くなれる。
大切な誰かのためなら。
誰かの支えになるのなら。
そう思えるあなたの
深い気持ちが、
築いた絆をますます強く、
固くする。

そこに絆があり、「ホーム」だと感じられたら、
あなたは誰よりも細やかに、大胆に、
力を発揮できる。

ホームを増やそう。広げてゆこう。
人生そのものをホームにしてしまえばいい。

蟹座の旅はもうはじまっている。
そのことはあなた自身がよくわかっている。
自分がどこから来て、ここに何を運んできたのか。
次に、向かう場所はどこか。

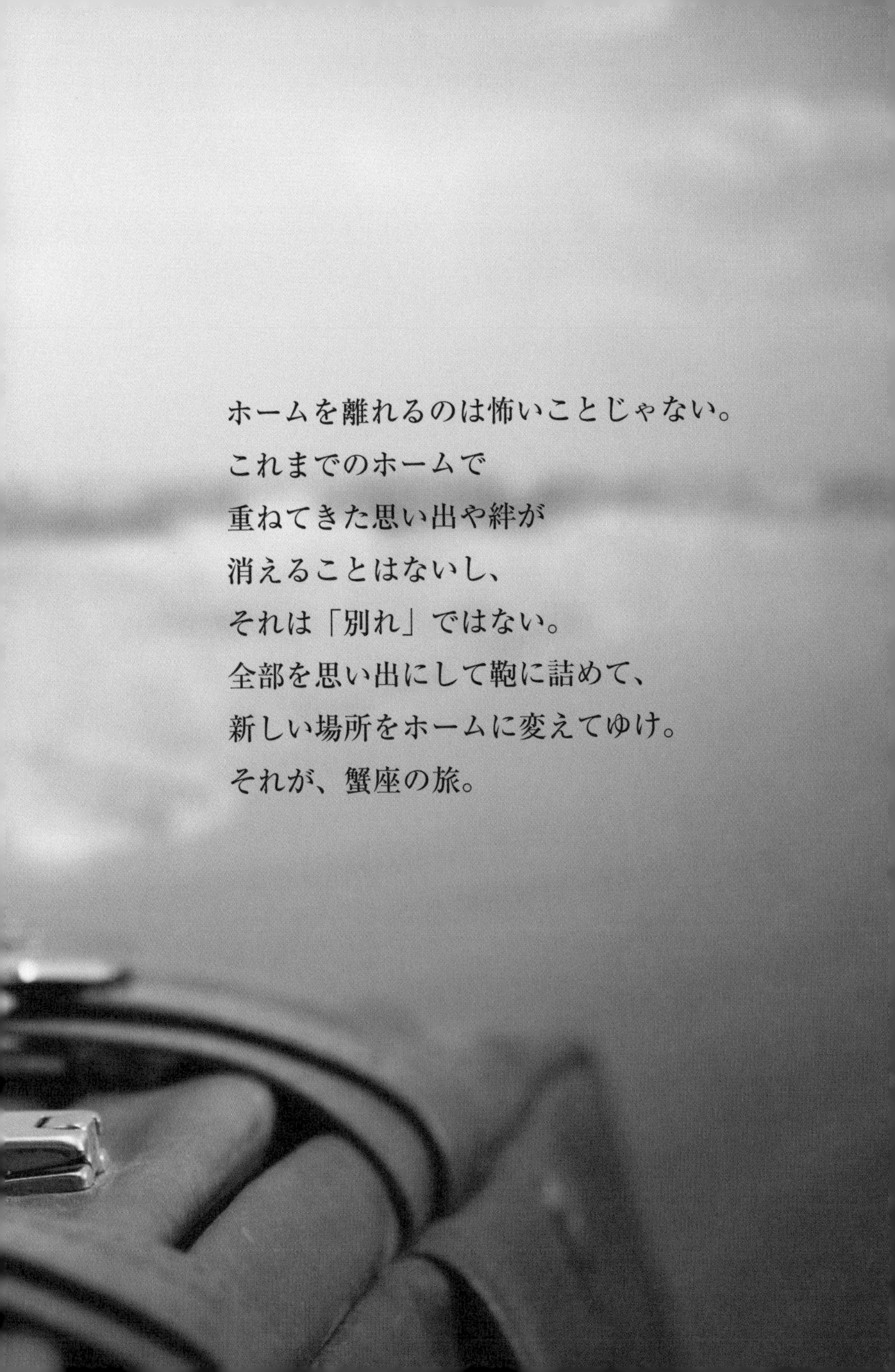

ホームを離れるのは怖いことじゃない。
これまでのホームで
重ねてきた思い出や絆が
消えることはないし、
それは「別れ」ではない。
全部を思い出にして鞄に詰めて、
新しい場所をホームに変えてゆけ。
それが、蟹座の旅。

次はどの方角をめざそうか。

さぁ、あなたの可能性が眠るほうへ、旅立とう。

蟹座はこの期間に生まれました。

誕生星座というのは、生まれたときに太陽が入っていた星座のこと。
太陽が蟹座に入っていた以下の期間に生まれた人が蟹座です。
厳密には太陽の動きによって、星座の境界は年によって1〜2日変動しますので、生まれた年の期間を確認してください。（これ以前は双子座、これ以降は獅子座です）

生まれた年	期間（日本時間）
1936	06/21 23:22〜07/23 10:17
1937	06/22 05:12〜07/23 16:06
1938	06/22 11:03〜07/23 21:56
1939	06/22 16:39〜07/24 03:36
1940	06/21 22:36〜07/23 09:33
1941	06/22 04:33〜07/23 15:25
1942	06/22 10:16〜07/23 21:06
1943	06/22 16:12〜07/24 03:04
1944	06/21 22:02〜07/23 08:55
1945	06/22 03:52〜07/23 14:44
1946	06/22 09:44〜07/23 20:36
1947	06/22 15:19〜07/24 02:13
1948	06/21 21:11〜07/23 08:07
1949	06/22 03:03〜07/23 13:56
1950	06/22 08:36〜07/23 19:29
1951	06/22 14:25〜07/24 01:20
1952	06/21 20:13〜07/23 07:07
1953	06/22 02:00〜07/23 12:51
1954	06/22 07:54〜07/23 18:44
1955	06/22 13:32〜07/24 00:24
1956	06/21 19:24〜07/23 06:19
1957	06/22 01:21〜07/23 12:14
1958	06/22 06:57〜07/23 17:50
1959	06/22 12:50〜07/23 23:45
1960	06/21 18:42〜07/23 05:37
1961	06/22 00:30〜07/23 11:23
1962	06/22 06:24〜07/23 17:17
1963	06/22 12:04〜07/23 22:58
1964	06/21 17:57〜07/23 04:52
1965	06/21 23:56〜07/23 10:47
1966	06/22 05:34〜07/23 16:23
1967	06/22 11:23〜07/23 22:15
1968	06/21 17:14〜07/23 04:07
1969	06/21 22:55〜07/23 09:47
1970	06/22 04:43〜07/23 15:36
1971	06/22 10:20〜07/23 21:14
1972	06/21 16:07〜07/23 03:02
1973	06/21 22:01〜07/23 08:55
1974	06/22 03:38〜07/23 14:30
1975	06/22 09:27〜07/23 20:21

生まれた年	期間（日本時間）
1976	06/21 15:25〜07/23 02:18
1977	06/21 21:14〜07/23 08:03
1978	06/22 03:10〜07/23 14:00
1979	06/22 08:57〜07/23 19:48
1980	06/21 14:48〜07/23 01:42
1981	06/21 20:45〜07/23 07:39
1982	06/22 02:24〜07/23 13:15
1983	06/22 08:09〜07/23 19:04
1984	06/21 14:03〜07/23 00:58
1985	06/21 19:45〜07/23 06:36
1986	06/22 01:31〜07/23 12:24
1987	06/22 07:11〜07/23 18:06
1988	06/21 12:57〜07/22 23:51
1989	06/21 18:54〜07/23 05:54
1990	06/22 00:33〜07/23 11:21
1991	06/22 06:19〜07/23 17:11
1992	06/21 12:15〜07/22 23:08
1993	06/21 18:00〜07/23 04:51
1994	06/21 23:48〜07/23 10:41
1995	06/22 05:35〜07/23 16:29
1996	06/21 11:24〜07/22 22:19
1997	06/21 17:21〜07/23 04:15
1998	06/21 23:03〜07/23 09:55
1999	06/22 04:50〜07/23 15:44
2000	06/21 10:48〜07/22 21:43
2001	06/21 16:39〜07/23 03:26
2002	06/21 22:25〜07/23 09:15
2003	06/22 04:11〜07/23 15:04
2004	06/21 09:58〜07/22 20:50
2005	06/21 15:47〜07/23 02:41
2006	06/21 21:26〜07/23 08:17
2007	06/22 03:06〜07/23 13:59
2008	06/21 08:59〜07/22 19:54
2009	06/21 14:45〜07/23 01:35
2010	06/21 20:28〜07/23 07:20
2011	06/22 02:16〜07/23 13:11
2012	06/21 08:09〜07/22 19:00
2013	06/21 14:04〜07/23 00:55
2014	06/21 19:51〜07/23 06:40
2015	06/22 01:38〜07/23 12:29

著者プロフィール

鏡リュウジ

Ryuji Kagami

1968年、京都生まれ。
心理占星術研究家・翻訳家。国際基督教大学卒業、同大学院修士課程修了（比較文化）。
高校時代より、星占い記事を執筆するなど活躍。心理学的アプローチをまじえた占星術を日本で紹介することによって、占いマニア以外の人にも幅広くアピールすることに成功。占星術の第一人者としての地位を確たるものとし、一般女性誌の占い特集では欠くことのできない存在となる。また、大学で教鞭をとるなど、アカデミックな世界での占星術の紹介にも積極的。
英国占星術協会会員、英国職業占星術協会会員、日本トランスパーソナル学会理事、平安女学院大学客員教授などを務める。

STARMAP
CANCER

蟹座の君へ

2013年 5 月 1 日　初版第 1 刷発行
2017年 8 月 9 日　第10刷発行（累計 5 万 8 千部）

著者　鏡リュウジ

写真　corbis/amana images
デザイン　井上新八
構成　ホシヨミ文庫

発行者　鶴巻謙介
発行・発売　サンクチュアリ出版
〒 151-0051
東京都渋谷区千駄ヶ谷 2-38-1
TEL　03-5775-5192　　FAX　03-5775-5193
URL　http://www.sanctuarybooks.jp/
E-mail　info@sanctuarybooks.jp

印刷・製本　萩原印刷株式会社